AF265638

Oe
43

DECRET ROYAL

DE NOSSEIGNEURS

DU CONSEIL DE SA MAJESTÉ

[CATHOLIQUE,]

PORTANT injonction à tous les Sujets du Roi de lui remettre tous les exemplaires imprimés ou manuscrits de certaines Lettres Monitoriales qui paroissent avoir été expédiées en Cour de Rome, contre le Ministère de Parme, le 30 Janvier de cette année, comme aussi tous autres Actes, Lettres ou Expéditions de ladite Cour, qui parviendroient dans la suite dans ces Royaumes, capables d'offenser les droits de la Royauté, ou quelques dispositions particulieres du gouvernement, ou de porter atteinte à la tranquillité publique; Fait défenses d'en souffrir la publication ou l'impression: Ordonne que les originaux en soient remis au Conseil, sous peine de mort contre les Notaires ou autres personnes publiques qui contreviendroient; & contre les autres personnes, sous les peines imposées par la Loi 25, tit. 3, liv. 1, de la Collection, dont la teneur est insérée en ces Présentes.

A MADRID,

Chez Don ANTOINE SANZ, Imprimeur du Roi, notre Seigneur, & de son Conseil.

Et se trouve à PARIS

Chez P. G. SIMON, Imprimeur du Parlement, rue de la Harpe.

M. DCC. LXVIII.

DECRET ROYAL

DE NOSSEIGNEURS

DU CONSEIL DE SA MAJESTÉ

[CATHOLIQUE,]

PORTANT injonction à tous les Sujets du Roi de lui remettre tous les exemplaires imprimés ou manuscrits de certaines Lettres Monitoriales qui paroissent avoir été expédiées en Cour de Rome, contre le Ministère de Parme, le 30 Janvier de cette année, comme aussi tous autres Actes, Lettres ou Expéditions de ladite Cour, qui parviendroient dans la suite dans ces Royaumes, capables d'offenser les droits de la Royauté, ou quelques dispositions particulieres du gouvernement, ou de porter atteinte à la tranquillité publique : Fait défenses d'en souffrir la publication ou l'impression : Ordonne que les originaux en soient remis au Conseil, sous peine de mort contre les Notaires ou autres personnes publiques qui contreviendroient ; & contre les autres personnes, sous les peines imposées par la loi 25, tit. 3, liv. 1 de la collection, dont la teneur est insérée en ces Présentes.

D ON CARLOS, par la grace de Dieu, Roi de Castille, de Leon, d'Arragon, des deux Siciles, de Jérusalem, de Navarre, de Grenade, de Tolede, de Valence, de Galice, de Majorque, de Seville, de Sardaigne, de Cordoue, de Corse, de Murcie, de Jaën, Seigneur de Biscaye & de Molina, &c. A tous les Sénéchaux, Assesseurs, Gouverneurs, Juges Royaux supérieurs ou ordinaires, & autres Juges & Justiciers quel-

A

conques de toutes les Cités, Villes & lieux de nos Royaumes auxquels a rapport ou ſera adreſſé le contenu en cette Ordonnance, & à chacun d'entre vous dans ſon Territoire, Diſtrict & Juriſdiction : Salut & grace.

Sçachez que Don Pierre-Rodrigues Campomanès & Don Joſeph Mognino, nos Procureurs Généraux, ont préſenté à notre Conſeil, le 14 de ce mois, un Réquiſitoire, dont voici la teneur.

Les Procureurs Généraux expoſent *que pour prouver leur zèle dans les fonctions de leur charge, ils recourent à ce ſupcême Tribunal, & lui remettent* leur réclamation ſur le mauvais exemple & l'infraction des droits Royaux de cette Couronne qu'entraînent & conſomment les Lettres de la Cour de Rome, du 30 Janvier de cette année, en exécution deſquelles ont été publiées à Rome des Cenſures contre un Prince Souverain & indépendant, tel que le Seigneur Infant Duc de Parme, qui a uſé de ſes droits en donnant divers Réglemens, conformes, pour la plûpart, aux Loix & Coutumes d'Eſpagne, & à l'uſage habituel des Tribunaux de ce Royaume.

Aſſurés que cette tentative n'a été haſardée par la Cour de Rome que pour éprouver les diſpoſitions des Etats Souverains de l'Europe, & pour préparer une attaque plus étendue des droits les plus reconnus de tous les Souverains ſur les points de la diſcipline Eccléſiaſtique qui tiennent à la police des Etats, quoique quelques-uns de ces droits ſoient formellement reconnus par des Bulles ou Concordats faits avec Rome, les Procureurs Généraux ne peuvent, dans une telle occaſion, garder le ſilence ſans manquer à leur honneur, & ſans ſe rendre reſponſables de leur indolence envers le Roi & envers la Patrie.

Par ces Lettres Monitoriales la Cour de Rome s'écarte abſolument de la Bulle de Paul III, qui concerne nommément l'Evêché de Parme, laquelle veut que toutes les conteſtations qui s'y élevent ſoient inſtruites & terminées, tant en ſeconde inſtance qu'en tout autre degré de juriſdiction, devant les Juges délégués par l'Archiprêtre de la Cathédrale de Parme.

Ces Lettres Monitoriales enseveliffent auffi dans l'oubli les approbations données par les Papes Adrien VI, Clement VII & Paul III, aux Cadaftres de ce Duché, comme devant fervir d'époques pour que toutes les acquifitions des Eccléfiaftiques, faites poftérieurement, foient fujettes aux contributions publiques.

Enfin ces Lettres fuppriment des circonftances effentielles à la vérité des faits au fujet des négociations qui ont rendu indifpenfables les dernieres déterminations du Seigneur Infant Duc, & elles alterent la fubftance des Edits qu'il a publiés.

Que n'auroit-on pas à craindre pour les droits de la Couronne d'Efpagne, fi on toléroit un Bref de cette nature, & fi on le laiffoit fe répandre & fe diftribuer dans le Public comme il paroît l'avoir été jufqu'ici.

Apparemment qu'il y aura moins lieu de craindre l'infraction du droit de l'Efpagne, felon lequel les Inftances Eccléfiaftiques qui s'élevent dans les Indes y doivent être décidées & terminées ; droit reconnu par le Bref de Gregoire XIII, du dernier Février 1578, dont l'exécution eft ordonnée par la Loi 10, tit. 9, liv. 1 de la Collection concernant les Indes.

Apparemment qu'il y aura plus à compter fur l'autorité de nos Concordats avec Rome touchant les contributions & les provifions Eccléfiaftiques : ou plutôt les Procureurs Généraux doivent inftruire le Confeil qu'ils fçavent, par des voyes dont ils ne peuvent rendre compte, que, il n'y a pas longtems, on faifoit, à Rome, recherche de pieces ou d'autorités pour rendre nul, s'il eût été poffible, celui de l'année 1753.

Les Procureurs Généraux ne peuvent auffi fe difpenfer de réclamer fur ce que le Pape s'annonce comme le Souverain temporel d'un Etat tel que Parme, qui, par le droit de fucceffion, par le droit de conquête & par les Traités les plus folemnels, tous refondus dans celui d'Aix-la-Chapelle, appartient à la famille régnante à Parme. Ce feul trait d'ufurpation fait voir le peu de circonfpection de ceux qui ont tenté de furprendre Sa Sainteté, & qui lui ont infpiré ces Lettres Monitoriales ou Brefs, foufcrits d'ailleurs par le Cardinal Negroni, le même que les Procureurs Généraux ont appris avoir contribué à aliéner Rome dans les négociations entamées avec la Cour de Parme, quoique cette Cour, depuis nombre d'années, n'eût ceffé de porter la patience & la modération jufqu'à demander amiablement bien des chofes qu'elle pouvoit ordonner à titre de Souveraineté.

Les Lettres Monitoriales alterent & fuppriment tout cela, ce qui eft plus que fuffifant pour caractérifer les vices d'obreption & de fubreption qui fe trouvent dans ces Lettres Monitoriales, & la diffimulation avec laquelle les Officiers de la Cour de Rome ont dénaturé les faits qu'ils ont préfentés à leur guife, pour porter Sa Sainteté à une Déclaration publique qui ne peut que caufer du bruit & du fcandale dans l'Eglife & dans les Etats ; ce qui, nous n'en pouvons douter, eût été bien éloigné des intentions du Saint Pere, s'il eût été exactement informé.

Les Procureurs Généraux fçavent d'ailleurs, de bonne part, que toute cette manœuvre n'eft fufcitée que par l'efprit du Régime des Jéfuites, & par les Partifans qu'ils ont en Cour de Rome, qui ont cru, par ce moyen indirect, réuffir à identifier leur caufe avec les prétentions de Rome, & parvenir à porter atteinte aux Loix invariables portées par les Souverains de l'augufte Maifon de Bourbon, pour expulfer de leurs domaines une Société dangereufe au gouvernement & à la tranquillité publique.

Les projets des Officiers de la Cour de Rome pour le renouvellement de femblables cenfures, en plufieurs occafions, n'ont jamais produit aucun fruit avantageux à la Religion ; & il n'eft pas jufte que par déférence pour de tels Actes, les Souverains

laissent blesser la puissance indépendante que Dieu
a mise entre leurs mains pour gouverner le temporel ; puissance qu'ils tiennent immédiatement de
lui, & qui les rend responsables à lui seul de leurs
actions.

Au premier trait de ces Lettres Monitoriales,
par lequel on voit Sa Sainteté se regarder comme
Souverain de Parme, le Conseil peut reconnoître
aisément, non-seulement dans quel esprit elles sont
conçues, mais combien il est indispensable d'en arrêter le cours, attendu les engagemens étroits con-
tractés par Sa Majesté par des Traités authentiques
avec le Seigneur Infant Don Ferdinand son neveu,
qui obligent le Roi à la garantie des Etats du Duc
de Parme, & pour qu'on ne puisse pas reprocher à
Sa Majesté de consentir à une usurpation si manifeste des droits d'un Prince du Sang Royal de la
Maison d'Espagne.

Et quand le Roi se souftrairoit à l'exécution d'engagemens si solemnels, ce qu'il ne peut pas faire,
le motif d'un même intérêt l'y rameneroit, intérêt
déja annoncé ci dessus, & qui résulte de ce que les
Lettres Monitoriales, qui frappent sur les Edits
publiés dans les Etats de Parme, ne font qu'un
effort déguisé & masqué, dont le coup va jusqu'à
ébranler, de la maniere la plus grave, les Loix, les
Coutumes, les Prérogatives Royales de cette Couronne, & même de toutes celles de l'Europe.

Quant à l'article de la prohibition d'acquérir,
faite aux gens de main-morte, porté par quelques-uns des Edits du Duc de Parme, prohibition
dont la rigueur apparente est tempérée & ramenée
aux termes de l'équité par nombre d'articles de ces
Edits, & d'exceptions dans lesquelles les gens de
main-morte font habilités à acquérir, de quoi les
Lettres Monitoriales ne font nulle mention ; ces
Lettres offensent les Loix du Royaume, qui éta-
blissent l'exercice de ce droit de Souveraineté,
telles que font, entre les Loix de ce Royaume, la
Loi 55, tit. 6, part. 1, la Loi 212 & 231 de la

Pratique, la dix-feptieme, tit. 15, liv. 9 de la Collection, & l'Acte 2 & 3, tit. 10, liv. 5; outre la Loi 12, tit. 2, liv. 4 de la Loi des Goths; & entre les Loix des Indes, font encore formelles, fur le même objet, la Loi 10, tit. 12 du liv. 4 de la Collection conçernant ces Colonies, & la Rémiffion 4, tit. 2, liv. 4 : fur ce même objet, font parfaitement concordantes les Loix de Valence, de Majorque, les Coutumes de Sepulveda, Cuença, Caceres, Cordoue, Seville, la Nouvelle-Population de Grenade, ainfi que les Etats Généraux de Najara, & Benevent, & l'ancienne Coutume de Caftille.

Les mêmes principes font confacrés par l'obfervance ancienne & moderne de tous les autres Etats, y compris la République de Venife, laquelle, nonobftant l'interdit de Paul V, a foutenu avec fermeté les droits de fa Souveraineté temporelle, & rendu évidente l'incompétence de la Puiffance fpirituelle pour troubler, fur des objets de cette nature, l'ufage que font les Princes de leur autorité.

Le droit de comprendre dans les contributions publiques les biens qui paffent aux gens de main-morte, eft un autre grief fur lequel s'élevent les Lettres Monitoriales. Mais fur ce point font encore formelles les Loix 53 & 55, tit. 6, part. 1, la Loi 11, tit. 3, liv. 1 de la Collection, la Loi 11, tit. 10, liv. 5, & la Loi 2, tit. 4, liv. 1, & un nombre infini d'autres, lefquelles prouvent le droit de la Souveraineté pour faire contribuer les Eccléfiaftiques aux impofitions; fans parler de l'acquiefcement donné à cet ufage par les Papes Adrien VI, Clement VII, & Paul III, qui, comme il a été dit ci-deffus, ont toujours été en bonne intelligence avec les Seigneurs Ducs de Parme, obfervation effentielle, & qu'on écarte avec grand foin dans les Lettres du 30 Janvier.

Ces Lettres condamnent encore le droit de fuccéder aux Eccléfiaftiques Séculiers, accordé à leurs pasens Laïcs, quoique ce foit une pratique prefque généralement autorisée, & conforme à la Loi 13, tit. 8, liv. 5 de la Collection.

Les Lettres Monitoriales s'élevent bien plus fortement contre l'établissement d'un Tribunal chargé de conserver la Jurisdiction Royale, de s'appliquer à protéger l'exécution des Canons, & de veiller sur la police extérieure dans les affaires Ecclésiastiques qui peuvent l'intéresser. Mais c'est précisément ce que la Loi 62, chap. 2, tit. 4, liv. 2 de la Collection, recommande au premier Tribunal du Gouvernement ; & c'est au même principe que tiennent quantité d'autres Loix concernant les funérailles, les rétributions pour ces cérémonies, pour les Mésses, pour les Enterremens, rétributions dont la taxe est annoncée par la Loi 30 de la Collection faite à Toro ; les Loix encore concernant l'établissement des Confrairies sous l'autorité du Roi, l'établissement des Hôpitaux, l'observance du Concile, & autres objets, relativement auxquels, à titre de protection des Canons, le Magistrat séculier veille à concilier les droits de l'Empire & ceux du Sacerdoce, sans que cette protection induise une Jurisdiction directe & proprement dite, mais seulement un pouvoir auxiliaire à l'égard de l'autorité spirituelle, résultant évidemment du devoir de protéger les Eglises & leurs Ministres, si recommandé aux Princes, notamment par le Concile de Trente, devoir de rigueur imposé au Seigneur Infant Duc de Parme, comme à tous les autres Souverains, puisque l'Eglise existe dans ses Etats.

Toutes ces Loix étoient en exercice tranquille & paisible, avec l'utilité & l'acquiescement général des Peuples & du Clergé ; & ce concert réciproque à reconnoître, dans ces matieres, le droit de la Souveraineté temporelle, fait pressentir quels troubles exciteroit le Bref ou Lettre Apostolique du 30 Janvier, qui dispute au Souverain de Parme des droits Royaux, dont, au vu du Saint Siege, jouissent tous les autres Souverains, même en Italie, puisque nous en voyons jouir actuellement les Etats de Milan, de Modene, de Genes, & singuliérement la République de Luques, tous Etats que la Cour de Rome laisse dans la plus grande tranquillité, rendant, par cela même, bien suspects ses procédés contre le Souverain de Parme.

Les Lettres Monitoriales appuyent encore sur l'article de l'Edit du 16 Janvier, qui défend de recourir à des Tribunaux étrangers sans l'attache du Souverain. Mais on sçait ce que, dès le premier âge de l'Eglise, les Eglises d'Afrique & autres ont dit sur les jugemens d'au-delà des mers. D'ailleurs il se trouve pour Parme un Indult spécial de Paul III, de l'année 1557, par lequel il est expressément disposé que dans cet Etat tous les procès se termineront dans l'intérieur du pays, à l'effet de quoi, comme il a déja été dit, l'Archiprêtre est délégué, afin d'éviter aux Sujets les frais du déplacement. On voit par-là avec quelle inexactitude & quelle infidélité sont exposés les faits qu'on a présentés dans ces Lettres Apostoliques. Dans la vue d'animer Sa Sainteté, on suppose dans ces Lettres que les Edits défendent le recours au Saint Siege, tandis qu'en vertu d'une Bulle, & sous le titre de délégué du Saint Siege, l'Archiprêtre connoît des contestations, & qu'on n'empêche que le recours à des Tribunaux situés hors des Etats de Parme.

En Espagne il y a une loi particuliere qui défend que les Sujets sortent du Royaume pour plaider devant des Juges étrangers en vertu de Lettres Apostoliques, & cela est aussi porté par le Concordat 3, tit. 8, liv. 1 de la Collection. Tout cela est contredit par les Lettres du 30 Janvier, & le Bref concernant les Indes, dont il a été déja parlé, n'est pas plus en sûreté.

Un autre objet de l'animadversion des Lettres est le réglement fait par le Duc de Parme, pour que les Bénéfices Ecclésiastiques ne soient donnés qu'à des naturels du Pays. C'est ce que tous nos Rois, depuis Henri II., ont ordonné de leur propre autorité, comme on peut le voir dans les Loix

14 & fuivantes, titre 3, livre 1 de la Collection, & il eft bien conforme à la raifon & à l'équité, que cet avantage refte aux Naturels du Pays. Et quant à l'attache du Prince, lorfqu'une main étrangere confere les Bénéfices, elle a pour objet d'empê-cher qu'il n'entre dans l'Etat des Eccléfiaftiques fufpects, ce qui eft bien plus intéreffant pour les Etats de Parme que pour tout autre, relativement aux prétentions des Papes fur la fouveraineté temporelle de ces Etats. Rien d'ailleurs de plus conforme à la difcipline de l'Eglife la plus ancienne & la plus autorifée, que l'intervention du Souverain comme Chef de fes Peuples; puifque les Apôtres eux-mêmes, pour élire les Diacres, prirent les fuf-frages du Peuple & du Clergé qui compofoient l'Eglife.

Quant à la préfentation des Bulles prefcrite auffi par l'Edit du 16 de Janvier, les droits de la Royau-té font fi conftans à cet égard, fingulierement en Efpagne, ainfi que dans tous les autres pays Ca-toliques, & tous les Souverains y ont tellement tenu la main, qu'il feroit déplacé de s'arrêter à en faire un objet de difcuffion; les Procureurs Généraux l'ont fait voir dans l'affaire du Révérend Evêque de Cuença, & le Confeil entier y a mis le fceau par fa confulte de l'année 1761.

D'après cet expofé des prétendus griefs ou of-fenfes portés à l'immunité Eccléfiaftique, qui font imputés au Duc de Parme, il eft clair que tous les Souverains dont on vient de parler, dont la piété eft bien connue, n'ont fait qu'ufer de leur droit en publiant de femblables Loix pour le bon-heur de leurs Sujets; qu'il n'y a ni offenfe réelle, ni violation d'immunité, ni exactitude dans l'ex-pofé des faits, ni objet fur lequel ait pu tomber avec juftice la cenfure de Rome.

Dans une telle circonftance, la puiffance civile qui jouit de la plénitude de la fouveraineté & qui fe fuffit à elle même pour foutenir fes droits & fon autorité, ne peut ni ne doit permettre la publica-

A v.

tion de femblables Lettres, qui ne peuvent qu'être une occafion de fcandale pour les Peuples, qu'on ef-fayeroit, comme le font les Lettres dont il s'agit, de dégager de l'obéiffance qu'ils doivent à leur Souverain & de porter au foulevement ; tentative du plus pernicieux exemple qui puiffe être hazardé.

Des principes qui viennent d'être expofés, dérive la maxime fondamentale que les Princes & les Magiftrats ne doivent être fujets à aucunes cenfures ni interdits : Que quand ces entreprifes fe hazardent dans l'intérieur de leurs Etats, ils ont droit d'y oppofer la voie de l'appel comme d'abus, & que fi elles viennent de la Cour de Rome, ils s'y oppofent en empêchant toute publication & toute exécuton des Lettres ; & en effet, felon la Doctrine des Peres Victoria & Cano, fuivie le plus générale-ment par les autres Auteurs ; le Prince temporel a droit de réfifter à la Puiffance fpirituelle, lorfqu'elle entreprend fur fes droits royaux, & tend à foulever les Peuples : deux objets bien analogues à la Doc-trine de ceux qui fous-main excitent actuellement l'entreprife faite par la Cour de Rome, mais bien éloignés de la piété naturelle de Clément XIII, & des intentions dont nous devons être perfuadés qu'il eft animé.

C'eft par ces motifs que les Princes fe font op-pofés à toute exécution des cenfures *In cœna Domini*, dont la Bulle n'a point été admife en Ef-pagne, & fut l'objet d'une réclamaion formelle de Charles I. Son fils, Philippes II, non-feulement s'y oppofa également, & infifta auprès du Pape Pie V, par l'organe du Grand Commandeur de Leon Don Louis de Requefens, & auprès du Pape Gregoire XIII, par le Marquis de Las Navas, pour que cette Bulle fût retirée, mais encore il attacha des peines graves à la défenfe qu'il fit de la publier & de lui donner aucun effet, fans s'embarraffer de tous les efforts que firent les Nonces pour parvenir à cette publication & pour combattre le droit exercé par le Souverain. Les Etats du pays ont auffi réclamé en 1593 contre cette entreprife de la Cour de Rome, comme on le voit par la Loi 80, titre 5, livre 2. Nos Auteurs, notamment Don Jean-Louis Lopez, & le Seigneur Don Joſeph de Ledeſma, ont rapporté, dans différens traités particuliers, un grand nombre d'exemples de la réclamation qui s'eſt toujours élevée toutes les fois qu'on a voulu citer ou mettre à exécution les prétendues cenſures *In cæna Domini*. Les Tribunaux de Navarre, fous le regne de Charles II, ont proſcrit cette Bulle : la même proſcription eſt conſignée dans la conſulte du Conſeil & de la Chambre, faite pour le Seigneur Philippes V, à l'occaſion de ſemblables démêlés élevés à Pampelune & à Hueſca, dans laquelle il fut formellement déclaré que cette Bulle n'étoit point admiſe dans le Royaume : enfin Sa Majeſté a déclaré la même choſe ſur la conſulte du Conſeil des Finances, contre le Grand Vicaire de l'Evéché de Malaga, dans une affaire concernant le Village de la Puebla de Alfarnate.

De tout cela il ſuit que les Lettres monitoriales du 30 Janvier dernier, ayant pour baſe ces mêmes cenſures *In cæna Domini*, & offenſant l'autorité ſouveraine dans ſon droit de légiſlation & dans ſes autres prérogatives, on ne peut ni ne doit en tolérer le cours en Eſpagne ; & qu'il ſeroit à craindre que le ſilence en cette occaſion ne parût autoriſer un ſi pernicieux exemple, & ne donnât lieu à toutes les conſéquences qui s'enſuivroient au préjudice de la ſouveraineté : ces Lettres ne pouvant être regardées que comme une tentative que fait la Cour de Rome pour paſſer à de plus grandes entrepriſes ſi elle n'étoit pas contenue.

D'aprés l'expoſé du ſcandale qu'exciteroient ces Lettres, du préjudice qu'elles feroient aux droits de tierces perſonnes, du péril de l'exemple qu'elles ouvrent, des infidélités répandues dans le préambule & dans l'expoſé des faits qui y ſont énoncés, vices eſſentiels qui ſe répandent ſur la totalité du

contexte de ces Lettres ; d'après la confidération
de la furprife caractérifée dans ces Lettres, par le
défaut de monitions & d'exhortations , ce qui
indique l'intrigue par laquelle on a porté le Pape à
femblable réfolution , toutes caufes qui féparément
autorifent la retention des Refcrits de Cour de Rome , & qui fe trouvent réunies à l'égard de celui-
ci ; enfin d'après la confidération de l'incompétence radicale de la Puiffance fpirituelle en ce qui
eft matiere temporelle ; pour écarter tout inçon-
vénient actuel , & prévenir ceux qui feroient à
craindre fi on laiffoit cours à un tel Decret, les
Procureurs Généraux requierent que le Confeil
ordonne qu'il foit expédié un acte circulaire qui en-
joigne la remife entre les mains du Roi , de toutes
copies ou exemplaires imprimés , ou manufcrits de
ce Bref ou Lettres de Cour de Rome du 30 Janvier de cette année , & qu'ils foient apportés au
Confeil : que la même remife foit prefcrite à l'égard
de tous autres actes, Lettres ou Brefs qui pourroient offenfer les droits de la fouveraineté , ou
quelques difpofitions du gouvernement, ou en général qui tendroient à troubler la tranquillité publique : qu'il foit défendu de les imprimer, vendre
ou diftribuer fans la permiffion du Confeil, fous
peine contre les contrevenans d'être punis de la
maniere prefcrite par la Loi 25 , tit. 3 , liv. 1 , de
la collection : que copie de cet Arrêt foit adreffé
aux Prélats Eccléfiaftiques & Supérieurs Réguliers,
pour que tous en foient inftruits & s'y conforment
en ce qui les concerne , de quoi ils feront chargés
de la maniere la plus formelle , comme s'agiffant
de l'objet le plus important qui ne permet aucune
forte de connivence.

*Suit la teneur de la Loi 25, Titre 3, Livre 1, de la
Collection citée pas nos Procureurs Généraux.*

  „ De la part des Procureurs des Villes, Cités
„ & Lieux de nos Royaumes, & de la part des
„ Grands, des Chevaliers, des Gentilshommes,
„ & de tous les Etats , dans la tenue d'Etats ac-

» tuellement affemblés à Madrid, il nous a été
» porté de grandes plaintes fur les torts & griefs
» qu'ils reçoivent chaque jour dans nos Royau-
» mes, par l'effet de Lettres de Cour de Rome,
» qui portent atteinte à leurs prérogatives & à la
» Coutume immémoriale du Pays, nous fuppliant
» d'y apporter remède. Et comme notre inten-
» tion & volonté eft, ainfi qu'elle a toujours été
» & fera toujours, que les Mandemens de Sa
» Sainteté & du Saint Siége Apoftolique, ou de
» fes Miniftres, foient obfervés & exécutés avec
» tout le refpect & la foumiffion qui leur font
» dus, & que nous avons toujours recommandé,
» comme nous le recommandons par ces Préfentes,
» & enjoignons aux Archevêques & Evêques, & à
» tous les Chapitres, Abbés, Prieurs & Archiprê-
» tres de nos Royaumes, ainfi qu'à leurs Juges
» & Officiers, de fe conformer à cette obligation;
» & en conféquence, qu'à toutes Lettres Apofto-
» liques émanées de Rome, en tant qu'elles fe-
» ront juftes & raifonnables & fufceptibles d'être
» au moins tolérées, ils y obéiffent & faffent obéir
» & les faffent exécuter en tout leur contenu, fans
» y mettre aucun obftacle ni retardement, que nous
» ne pourrions regarder que comme un manque-
» ment à notre propre fervice, que nous ferions
» punir avec toute févérité : D'un autre côté, com-
» me il eft jufte de tenir la balance égale entre
» ces difpofitions concernant l'exécution des De-
» crets de Cour de Rome & les mefures qu'exi-
» gent les plaintes & fupplications que nous ont
» portées nos Royaumes, en ce qui y eft conforme
» à la raifon & à la juftice, à l'effet de maintenir
» & exécuter ce qui a été accordé par les Papes
» précédemment regnants, à Nous, aux Rois nos
» Prédéceffeurs de glorieufe mémoire, & à nofdits
» Royaumes, & la coutume immémoriale prati-
» quée de tout tems & jufqu'à ce moment à cet
» égard, ainfi que les Loix & Pragmatiques de ces
» Royaumes, concernant le même objet, ne vous

» lant pas qu'il foit dérogé à la prééminence de
» notre Patronage Royal, non plus qu'aux droits
» des Patrons laïcs, ni aux maximes qui défendent
» qu'aucun Etranger puiffe poffèder dans ces
» Royaumes des Bénéfices ou penfions fur Béné-
» fices, ni les naturels Efpagnols à titre de droit
» à eux tranfmis par ces Etrangers ; voulant éga-
» lement conferver les droits des Canonicats doc-
» toraux & magiftraux des Eglifes cathédrales de
» ces Royaumes & des Bénéfices patrimoniaux
» dans les Evêchés où il y en a ; & attendu les
» grands & notables inconvéniens qu'entraîne-
» roit tout ce qui émaneroit de Sa Sainteté ou
» de fes Miniftres au détriment des droits fufdits,
» de quoi il ne pourroit que réfulter de grands
» fcandales nuifibles au fervice de Dieu notre Sei-
» gneur, & préjudiciables à Nous, à nos Royau-
» mes & à nos Sujets : A CES CAUSES, mandons
» auxdits Prélats, Doyens, Chanoines, Abbés,
» Prieurs, Archiprêtres, leurs Vifiteurs, Provi-
» feurs & Vicaires, à tous autres leurs Officiers
» & à toutes perfonnes laïques, que lorfqu'il éma-
» nera de Rome quelque Decret ou Lettre por-
» tant atteinte aux droits fufdits ou à quelques-
» uns d'eux, ou quelque interdit ou ordre de cef-
» fer le Service divin, ils aient à furfeoir à l'exé-
» cution de ces Decrets ou Lettres, & n'y don-
» nent aucun effet, ni permettent ou fouffrent qu'il
» y en foit donné, mais les envoyent par devers
» Nous, ou pardevers notre Confeil, à l'effet d'ê-
» tre avifé au parti qu'il conviendra prendre. Si
» n'y faites faute, fous peine d'encourir notre
» indignation ; & de plus, les Prélats & perfon-
» nes eccléfiaftiques qui contreviendroient, encour-
» ront par le feul fait, & fans qu'il foit be-
» foin de prononciation plus particuliere que les
» Préfentes, la perte de tout leur temporel &
» du droit de naturalité dans nos Royaumes ; &
» quant aux Etrangers qui ne peuvent poffèder
» Bénéfices ni dignités dans nos Etats, ni jouir

» d'autres prérogatives , dont les feuls naturels
» peuvent & doivent jouir felon les Loix & Prag-
» matiques du Royaume , ordonnons qu'ils feront
» bannis de nofdits Royaumes : & à l'égard des
» laïques qui fe rendroient coupables en contri-
» buant, de quelque maniere que ce foit, à ren-
» dre publiques telles Lettres ou Decrets, ou à
» leur donner quelque exécution , ou quelque ap-
» pui, faveur ou aide, de quelque genre que ce
» puiffe être , fi ce font Notaires ou Officiers de
» Juftice , ils encourront la peine de mort & de
» confifcation de biens ; fi ce font d'autres laïcs ,
» la peine de confifcation de biens feulement : lef-
» quels nous appliquons dès maintenant à notre
» Chambre' & à notre Tréfor, nous réfervant en
» outre de condamner lefdits délinquans à telle
» Peine corporelle qu'il appartiendra. MANDONS
» aux Gens de notre Confeil, au Préfident &
» aux Auditeurs de nos Audiences, aux Alcaldes
» de notre Maifon, à ceux de notre Cour & de
» nos Chancelleries, & à tous les Corrégidors ,
» Affeffeurs, Gouverneurs, Alcaldes, Alguafils ,
» Juges & autres nos Juftices quelconques, de tou-
» tes les Villes, Cités & Lieux de nos Royaumes
» & Seigneuries , & à chacun d'eux quel qu'il foit,
» dans l'étendue de leur Territoire & Jurifdiction,
» que le contenu en cette Loi ils gardent, ac-
» compliffent & exécutent, & n'aillent au con-
» traire , ni fouffrent perfonne y contrevenir en
» aucun tems, ni en aucune manière. «

Vu tout ce que deffus par les Gens de notre
Confeil affemblé folemnellement , il a été ordonné
par acte du 15 de ce mois entre autres chofes ,
que notre préfent Decret foit expédié , par lequel
nous vous ordonnons, à tous & à chacun de vous ,
en vos Territoires & Jurifdictions, qu'incontinent
après la réception des Préfentes , vous ufiez de
tout votre pouvoir pour retirer des mains de toutes
perfonnes qui pourroient en avoir en leur poffeffion,
les copies ou exemplaires imprimés ou manufcrits

du fufdit Bref ou Lettres expédiées en Cour de Rome le 30 Janvier de cette année contre le Miniftere de Parme, & que vous faffiez de même à l'égard de tous autres Actes, Lettres ou Expéditions de Cour de Rome, qui pourroient porter atteinte aux droits de notre Souveraineté, ou à quelque difpofition émanée du Gouvernement, ou en général qui tendroient à troubler la tranquillité publique : & que vous adreffiez ces piéces en original avec les actes & procédures par vous faites en vertu des Préfentes pardevers notre Confeil, ou à la perfonne de Dom Ignace Efteban de Higareda, notre Secretaire Notaire, & l'ancien de ceux de notre Chambre & du Gouvernement en notre Confeil; défendons toute impreffion, vente ou diftribution de femblables Brefs ou Decrets expédiés ou qui s'expédieroient à l'avenir en Cour de Rome, finon avec permiffion de notre Confeil, fous peine contre ceux qui contreviendroient, foit en obtenant, foit en notifiant, foit en diftribuant ou imprimant lefdits Brefs, Bulles ou Decrets, d'être punis fans rémiffion des peines portées par la Loi 25, tit. 3, liv. 1. de la collection, ci-deffus tranfcrite. Chargeons expreffément les Révérends Archevêques, Évêques & Supérieurs Réguliers, chacun en droit foi, de contribuer avec zèle à l'exacte obfervation de tout ce qui eft prefcrit ci-deffus, conformément au Requifitoire de nos Procureurs Généraux, & de rendre compte à notre Confeil, fans aucun délai, de tout ce qui furviendroit en cette matière ; & pour que toutes ces difpofitions & autres demandes de nos Procureurs Généraux aient une entiere & ponctuelle exécution, il fera procédé, dans toutes les formes requifes, à la prononciation des peines prefcrites, & fait toutes les autres opérations néceffaires à ladite exécution la plus entière, à l'effet de quoi vous donnons, nofdits Jufticiers, tout pouvoir & commiffion requife : l'exécution du préfent decret étant très-importante à notre fervice & au bien de

nos Royaumes. CAR tel eſt notre plaiſir: ordonnons
qu'à l'expédition imprimée des Préſentes, ſignée
de Dom Ignace Eſteban de Higareda, notre Secrétaire , l'ancien des Notaires de notre Chambre & du Gouvernement en notre Conſeil , ;
même foi & croyance ſoit ajoutée qu'à l'original.
DONNÉ à Madrid le 16 de Mars 1768. *Signé*,
le Comte d'Aranda, Dom *Rodriguez de la Tour*,
Dom *Jacinte de Tudo*, Dom *Jean de Lerin Bra-*
camonte, Dom *Auguſtin de Leyza & Eraſo* : moi
Dom *Ignace Eſteban de Higareda* , Secrétaire du
Roi notre Seigneur , & Notaire de ſa Chambre,
ai fait dreſſer, de ſon ordre, le préſent acte en
vertu de la délibération de Noſſeigneurs de ſon
Conſeil. Regiſtré, *Dom Nicolas Verdugo* : le Grand
Lieutenant du Chancelier , *Dom Nicolas Verdugo*.

Ce que deſſus tranſcrit ſur le Decret Royal origi-
nal, ce que je certifie. DOM IGNACE ESTEBAN
DE HIGAREDA.

LETTRE circulaire écrite par le Secrétaire
du Conſeil de Caſtille, à tous les Prélats
d'Eſpagne , en leur adreſſant le Decret
Royal du 16 Mars 1768.

LE Conſeil aſſemblé ayant délibéré ſur le Re-
quiſitoire que lui ont préſenté le 14 de ce mois
les Procureurs Généraux, au ſujet de la publicité
donnée dans ce Royaume à pluſieurs Exemplaires
d'une Lettre Monitoriale , ou Bref, du 30 Janvier de cette année , qui paroît avoir été affiché
à Rome, contre le Miniſtere de Parme & contre la
Souveraineté & les droits du Duc de Parme , a
ordonné l'expédition du Decret Royal dont j'en-
voye à votre Grandeur un Exemplaire , pour que
de ſa part elle tienne la main & contribue par les

mesures les plus efficaces à son accomplissement ponctuel & exact, sans omettre quoi que ce soit de ce qui peut y être utile, ni permettre que les Ecclésiastiques fassent courir des Exemplaires imprimés ou manuscrits de ce Decret, qui troubleroit les esprits, nuiroit à la tranquillité publique dans le Royaume, & offenseroit la Souveraineté du Roi.

2. Ces Lettres Monitoriales du 30 de Janvier ont pour base principale les censures annuelles connues sous le nom de *In Cœnâ Domini*, lesquelles ont éprouvé la réclamation des Etats Catholiques, comme offensant la Souveraineté & la Jurisdiction des Tribunaux & des Magistrats Royaux, depuis que la teneur originaire de cette Bulle a été altérée & surchargée de clauses qui portent le préjudice qu'on vient d'exprimer à la Puissance Civile : Censures dont la publication & l'exécution dans ce Royaume y ont toujours été empêchées avec la plus grande attention.

3. Cette vigilance a agi dès le 21 Janvier 1551. A cette date, le Seigneur Empereur & Roi Don Charles I fit punir séverement un Imprimeur qui avoit hazardé d'imprimer à Saragosse ladite Bulle *In Cœnâ Domini*, & à cette occasion le Vice-Roi d'Arragon fit publier, en vertu d'un Decret de l'Audience Royale, des défenses de faire semblable tentative.

4. En 1552 l'Audience Royale de Catalogne fit aussi sa réclamation, adressant au même Roi Charles I des plaintes sur l'entreprise inouie de la Cour de Rome dans la confection des dispositions insérées dans cette Bulle *In Cœnâ Domini*, opposées à la Souveraineté & aux droits de la Jurisdiction Royale.

5. En 1572 fut fait, de l'ordre de Philippe II, un Manifeste en forme sur cette Bulle, dont l'introduction dans le Royaume fut formellement défendue, ce que le même Roi fit encore réitérer sous le Pontificat de Gregoire XIII.

6. Le même Roi Philippe II informé que le

Nonce de S. S. avoit fait publier cette Bulle *In Cœnâ Domini* dans la Cathédrale de Calahorra, & en avoit fait afficher des Exemplaires contre le gré de l'Evêque, fit auſſitôt ſortir ce Nonce de ſes Etats.

7. Les Etats du Royaume reconnoiſſant l'opiniâtreté de la Cour de Rome à inſiſter pour faire faire cette publication, & à s'oppoſer, en vertu de ces Bulles annuelles *In Cœná Domini*, aux voyes de droit priſes par les Sujets recourant à la protection des Tribunaux Royaux, s'adreſſerent au même Roi en 1593, & obtinrent de lui de publier la *Loi 80, tit. 5, Liv. 2. de la Collection*.

8. Le Révérend Evêque de Pampelune, D. Torribio de Mier, ayant voulu faire uſage de ces cenſures *In Cœná Domini* contre les Tribunaux de la Navarre, au préjudice des droits royaux, cette entrepriſe donna lieu à une diſcuſſion profonde de la matiere, qui fut examinée avec la plus grande attention : & le Révérend Evêque ayant été pleinement entendu, le Seigneur Don Joſeph Ledeſma, Procureur Général du Conſeil, démontra par une Diſſertation ſçavante, que ce Decret ou Bulle *In Cœná Domini* n'avoit point été admis en Eſpagne, ni dans les autres Etats Catholiques.

9. La détermination qui fut priſe dans cette fameuſe Conférence, fut conſignée dans la Lettre expédiée par ordre de Charles II, le 2 Novembre 1694, qu'il fit adreſſer à ce même Evêque, & par laquelle le Roi lui parla en ces termes :

» 10. Que pour défendre la Juriſdiction qu'il » croyoit avoir au ſujet de l'immunité qui étoit » l'objet de la conteſtation, il n'eût pas dû paſſer » aux actes auxquels il s'étoit porté, en décla-» rant les Miniſtres du Conſeil de la Navarre » avoir encouru les cenſures de la Bulle *In Cœná* » *Domini*, laquelle n'étoit point reçue dans ſon » Royaume.

11. Le Seigneur Philippe V, ſur la Conſulte de la Chambre du 17 Mai 1745, au ſujet de nou-

veaux conflits élevés à Pampelune, fit écrire le 14
Novembre de la même année au Révérend Evêque
qui étoit alors fur ce Siege , une Lettre à peu près
en ces termes :

» 12. Que dorénavant il eût l'attention qu'il de-
» voit avoir à ce que fon Vicaire Général ne s'au-
» torisât pas pour faire fulminer des cenfures , de
» Bulles rejettées & non admifes , & ne tentât pas
» d'étendre fa Jurifdiction au-delà de l'interpréta-
» tion commune de ces Bulles, refferrée fuivant les
» ufages & coutumes de ces Royaumes : que S. M.
» verroit avec furprife , qu'on oubliât la Lettre
» Royale écrite le 2 Novembre 1694 à fon pré-
» déceffeur Don Torribio de Mier , par laquelle le
» Confeil lui avoit expreffément notifié , que la
» Bulle *In Cœnâ Domini* n'étoit point reçue dans
» ces Royaumes.

13. A la fuite d'un autre réfultat du Confeil du
27 Janvier 1746, au fujet du conflit du Grand-Vi-
caire de Huefca avec l'Audience Royale d'Arragon , le même Roi forma encore le Decret fuivant : « Soit fait ainfi qu'il eft ordonné : mais que
» le Vicaire-Général D. Jofeph Segoviano de Ob-
» regon foit informé que je trouverai très-mauvais
» qu'il excede avec auffi peu de circonfpection
» qu'il l'a fait dans l'occafion préfente , fulminant
» des cenfures contre mes Officiers au fujet de
» l'exercice des fonctions de leurs charges , fous
» prétexte des difpofitions de la Bulle *In Cœnâ*
» *Domini* , laquelle n'eft point reçue dans mes
» Royaumes ». Et cette réfolution du Roi fut pu-
bliée en plein Confeil le 26 Avril de la même
année.

14. La Signature de Juftice ayant tenté de ref-
treindre un *Jugement d'appel comme d'abus* rendu
en l'Audience Royale de Galice , à l'occafion
d'un procès concernant l'Abbaye de Vieilleville ,
fe fondant fur les mêmes principes de la Bulle *In
Cœnâ Domini* , le Confeil affemblé , informé de
cette entreprife , adreffa une Confulte à S. M. le

12 de Janvier 1751 , lui demandant entr'autres chofes , d'envoyer des Commiffaires pardevers S. S. pour faire rayer & biffer des Regiftres de ce Tribunal pontifical une décifion auffi attentatoire à la Souveraineté de cette Couronne ; & Ferdinand VI, d'augufte mémoire , fe conformant à la Supplique de fon Confeil , donna les ordres les plus précis à fes Miniftres pour faire réparer cette offenfe. Et en effet le grand Pape Benoît XIV annulla & rendit fans effet ce Decret de la Signature , attentatoire à l'autorité du Roi & à l'ufage des appels comme d'abus, reconnu par le Cardinal Alexandrin , Légat particulier du S. Pape Pie V.

15. Et par une fuite de cette affaire , il fut écrit, de l'ordre du Confeil , en forme de difpofition générale , à tous les Archevêques, Evêques, & autres Prélats du Royaume , « que pendant le tems
» que fe difcutent dans les Tribunaux Royaux les
» appels comme d'abus, ou la rétention des Let-
» tres de Rome , ils ayent à ne point recevoir de
» Bulles ni d'autres Refcrits qui tendent à empê-
» cher, à gêner, ou à contredire la décifion à in-
» tervenir dans les Tribunaux, mais que s'il leur
» en parvient, ils ayent à les adreffer au Confeil,
» ou au Tribunal dans lequel fera pendante l'af-
» faire principale, fous peine d'encourir la difgrace
» de S. M.

16. Dans le même tems Ferdinand VI fit ajouter à cette prononciation la difpofition fuivante :
» 17. Et le Confeil m'informera s'il conviendra
» ou non de mettre en ufage dans ces Royaumes
» ce qui fe pratique au Confeil des Indes par rap-
» port aux Bulles, Brefs ou Refcrits expédiés pour
» ces pays : & j'efpere de fon activité & de fon
» zèle, qu'il continuera à arrêter les entreprifes de
» ce genre qui furviendroient, & qu'il me propo-
» fera tous les moyens qu'il croira capables d'y
» mettre ordre.

18. La Rote ayant encore hazardé , à l'occafion d'un Jugement de rétention de Lettres Apoftoli-

ques rendu dans l'Isle de Majorque, de restreindre l'autorité des Tribunaux Royaux d'Espagne sur cet usage de la rétention, le Conseil assemblé adressa au Roi regnant, le 9 d'Août 1764, une Consulte pour que le Roi envoyât demander au Pape satisfaction de cette insulte, ce que le Roi fit en effet, voulant conserver sans altération les droits de sa Souveraineté.

19. En l'année 1766, Laurent Guerra, demeurant à Fuensalida, voulut s'exempter du logement de deux soldats, sous prétexte qu'il logeoit dans sa maison son neveu D. Ventura Guerra, qui étoit Prêtre, & le Curé eut la hardiesse de déclarer l'Alcade avoir encouru les censures de la Bulle *In Cœnâ Domini*. Le Grand Alcade de Tolede ayant constaté ce fait, le Conseil assemblé en délibéra le 11 Août de la même année, & le 18 fut adressé au Révérend Cardinal Archevêque de Tolede une exhortation à veiller de plus en plus à ce qu'il ne fût fait aucun usage des censures de la Bulle *In Cœnâ Domini*, à donner à ce sujet tous les ordres nécessaires & à en informer le Conseil ; ce que cet Archevêque fit le 15 Décembre, marquant au Conseil qu'aussitôt qu'il avoit reçu l'ordre du Conseil, il l'avoit fait mettre à exécution en tout son contenu par le ministère de l'un des Alcades de Fuensalida, & il ajouta ce qui suit :

20. » Et dès auparavant j'avois déja agi dans le
» même esprit aussi-tôt que par les représentations
» de ces mêmes Officiers j'avois été informé de
» ce qui s'étoit passé, & j'avois fait une forte répri-
» mande au Curé de l'excès dans lequel il étoit
» tombé, en déclarant un des Alcades avoir en-
» couru les Censures de la Bulle *in Cœnâ Domini*,
» dont on ne connoît en aucune sorte l'usage dans
» cet Archevêché.

21. Un témoignage d'un tel poids doit satisfaire ceux qui, faute d'instruction, n'ont pas des idées nettes sur cette matiere. C'est, au surplus, la façon de penser générale de tous les Prélats de ces Royaumes.

22. Tout ce qui a été rapporté ci-deſſus, à quoi on pourroit ajouter bien d'autres traits, la tradition conſtante des Juriſconſultes du Royaume, & la pratique des Tribunaux Souverains d'Eſpagne, démontrent que dans l'Eſpagne les Cenſures de la Bulle *in Cœna Domini* n'ont aucune force en tout ce qui s'enſuivroit de préjudiciable à l'indépendance de l'autorité Souveraine, quant au temporel, ou qui tendroit à faire obſtacle à l'exercice des fonctions des Magiſtrats, à autoriſer les prétentions de la Cour de Rome, & à troubler la tranquillité des Etats, ſi eſſentiellement liée à l'harmonie de l'empire & du Sacerdoce.

23. Quoique le Conſeil ne doute point que les lumieres de Votre Grandeur, & ſon zèle pour le ſervice du Roi, ne rendent très-préſens à ſon eſprit tous ces faits ſi inſtructifs ſur une matiere d'une telle importance, je vous en fais cependant part, de l'ordre du Conſeil, afin que vous vous conformiez aux déciſions Royales qui y ſont rapportées; que vous ne permettiez en aucune maniere que dans votre Diocèſe ou Province ſemblables Bulles annuelles *in Cœna Domini*, ſoient publiées ni citées; & que vous les faſſiez regarder, ainſi qu'elles le doivent être, comme retenues, & de nul uſage en tant qu'elles offenſent la Souveraineté du Roi. Au ſurplus, le Conſeil ne pourroit voir avec indifférence la moindre infraction de déterminations du Souverain, ſi abſolues & ſi réitérées.

24. Votre Grandeur voudra bien m'informer de la réception & de l'effet de cette Inſtruction, qui doit ſervir à éclairer & à guider ſa conduite dans les cas qui ſurviendront, afin que j'en rende compte au Conſeil.

Que Dieu conſerve Votre Grandeur longues années. Madrid, 16 Mars 1768.

Signé, D. IGNACE ESTEBAN DE HIGAREDA.